사랑하며 기도하며

그루 현대시인선 24

사랑하며 기도하며

김진수 시집

그루

시인의 말

가만히 있어도
이마에 맺히던 땀방울
인생의 폭염을 무난히 헤쳐 왔습니다.

지치고, 쓰러지고, 할퀴인 자국들
피와 땀범벅의 세월을
그저 하늘만 우러르며 견뎠습니다.

돌아보니 지나온 길이
저 아래 꾸불꾸불 휘어진 밭두렁처럼
아픔보다는 재미있는 이야기로 남습니다.

오뚝이처럼
팔딱팔딱 일어섰던 옛얘기 속엔
나를 잡아 일으킨 손길도 있었습니다.
보이지는 않지만 분명한 손길

이런 이야기를 모아
작은 시집을 만들었습니다.

2024년 가을
김진수

차례

시인의 말　05

I

겨울나무	13
봄비	14
아름다운 것	15
한반도의 봄	16
햇볕, 물, 공기, 바람	17
하얀 들꽃	18
빛 따라 내리고	19
어느 여름날	20
나무야, 나무야	21
나의 나무에게	22
나무의 눈물	23
살살이꽃 피는 날에	24
들꽃	25
반시	26
보름달	27
들꽃 사연	28
들꽃 인생	30
낙엽의 마음	31

II

나만의 그림	35
끌리다	36
틈새	37
휴대전화기의 위력	38
사랑의 신비	39
일기	40
리트머스 시험지	41
보람	42
순환	43
첫사랑	44
비 내리는 오후	45
다시 피운 우정	46
그리운 날에	47
파도를 보며	48
빈 의자	49
저녁 해 뜨는 창가에서	50
點點으로 찍은 오늘	52
點點은 線線이 되고	54
우연한 만남	55

III

우리 아기 '예서'	59
아가야	60
배냇저고리	62
부부	63
나의 동반자	64
아내에게	66
그리운 어머니	67
어머니의 향기	68
고향집 어머니	69
이별의 아픔	70
코로나19	71
당신 봄날에	72
그대 그림자	74
코로나 격리실	75
유리벽 너머	76
할머니 무릎 교육	78
꿈을 향한 걸음에	79
오랜 우정	80

IV

기도하는 마음	83
작은 기도	84
일치一致의 기도	85
희망希望	86
감사하자	87
감사 기도	88
반성의 시간	89
너를 위한 내 마음	90
성찰省察	91
오늘도 무사히	92
저희에게도 기적을…	93
나의 형제여	94
욕심 비우기	95
어느 친지의 마지막 전화	97
창밖에 비는 내리고	98
떠난 자리 메우고	99
사람의 향기	100
동굴 속의 성모 마리아	101

해설 사랑과 감사와 나눔의 시_이태수 104

I

겨울나무

발가벗은 겨울나무는 팔을 들고 섰네
이 엄동설한에 엄한 벌을 받고 있나 보다

긴 시간 형벌로 단련시키는 분
하느님 마음 얼마나 아프실까

엄하고 자애로운 하느님께서
어느 봄날에 형벌 거두시고

나무야, 너에게 입힐
연두색 두루마기를 마름질하고 계신단다

봄비

모처럼 내린 귀한 봄비
모유에 굶주린 듯
힘차게 단비를 빨고 있는 새싹들

지난해 피었던
백리향, 히야신스, 낮달맞이꽃,
감나무, 매화나무, 라일락 새싹들
도톰한 입술처럼 돋아나는 요염한 모습

향기를 뿜는다
우산 속에서 맡는 향기

가슴이 뛴다
나도 청춘이다

아름다운 것

꽃은 아름답다
향기가 옅어도
향기가 진해도
꽃은 제각기 아름다움을 품고 있다

봄비 맞으며 싹을 틔우는
연둣빛 잎새
꽃이 아니어도 아름답다
생명을 품었기에

사람도 아름답다
장애가 있고 노인이 되어도
영혼이 있기에
생명이 있기에

한반도의 봄

동네 꽃가게에는
온실에서 키운 봄꽃들이
올망졸망 판에 담겨
행인들의 눈길을 끄는데

티브이에서는
강원도 산간의 설경을
수묵화처럼 비춘다

겨울과 봄이 겹치는
한반도의 계절
온실에서 피워낸
한반도의 봄

햇볕, 물, 공기, 바람

베란다 화분의 화초
이유도 없이 시드네
물 주고 햇볕 쬐어도
자꾸 고개 숙이네

눈길이 자주 가네
애처로운 마음
너와 나 서로 다른 세상
교감이 아쉬운 시간이네

고개 숙인 화초
창문 열어 솔바람 들이니
번쩍 고개 들고 새벽을 맞네
바람이 필요했던가 보네

하얀 들꽃

깃털을 둘러싼 작은 씨앗
어느 바위 틈새에 숨어

불어오는 바람에
키워가는 작은 잎새

몇 날 며칠의
해와 달을 만났을까?

그 누가 봐주지 않아도
오고 가는 발걸음 소리와
내리는 햇살 따라

하나, 둘 하얀 꽃잎
고개 내밀어 반겨 주네

빛 따라 내리고

한낮의 햇살이
강한 울림으로 다가오니

산천의 푸른 잎새
녹음이 짙은 초록으로
떠나는 숲길이 평화롭네

하루의 감사와 수고는
바쁜 걸음에
행복한 일상 만들었네

맺어가는 시간의 열매는
오늘도 그 길을 사랑하며
가고 있는 순간을 기뻐하네

내리는 빛줄기 따라
기쁨을 만나는 미소에
어떻게 먹구름이 내릴까

어느 여름날

태양 광선이 강하게 내리쬐는
여름 한낮
갑자기 몰려드는
먹구름, 소나기, 천둥, 번개,
가마솥더위를 잠시 식힌다

한바탕 두들기고 떠나가면
녹음은 더욱 짙어지고
하늘까지 해맑아
땀에 찌든 어깨를 펴고
하늘에 웃음을 날린다

소낙비 내린 뒤 읽은 하늘의 표징
머지않은 가을날
과육은 더 붉어지고
국화 향기는 더 짙어지리라
대지는 알곡으로 가득하리라

나무야, 나무야

나무는
봄에 싹을 피워
여름이면 무성하게 그늘이 깊어진다
나무는 항상 그러했다

입추가 지나니
무성하던 잎들이 서서히 힘을 잃는다
그늘도 옅어진다
나무는 항상 그러했다

나무의 사계절을 보며
나와 닮았다는 생각을 한다
나무와 내가 닮았다는 생각이
또 다른 세상을 만들어 내는 것 같다

나의 나무에게

해와 달은 하나가 되어
숨겨주고 쉬게 하는
친구라네요

숲길을 걸어 보았지요
서로 막아 주는
우리는 친구라며
바람 따라 춤을 추네요

바다를 가 보았어요
거센 파도 밀려와도
돛단배 친구 넘어질까
하얀 울타리 만들어
팔을 벌려 주었네요

감사한 오늘을 걸어가니
하루해 저무는 길 따라
길어진 그림자 토닥이며
내가 좋아하고 사랑하는
나의 나무가 웃어주네요

나무의 눈물

나무는 왜 눈물 흘릴까?

나뭇가지 옅은 옷 걸치고
찬 바람 감싸며 지켜온 생명은
얼마나 힘든 시간이었을까

따스한 온기에
허물을 벗는 아픔 견디며
이슬방울 눈물 사이로
싹을 틔우는 사랑의 신비에

아침 햇살을 맞이하고
한낮 계곡의 물소리 들으며
저녁노을 그림자 따라

여기저기 깨어난 눈빛에
메마른 가지 눈물로써
희망의 새순을 기뻐하네

살살이꽃* 피는 날에

파란 하늘 도화지에
보랏빛 희망 꽃피우고

하얀 구름 만들어
분홍 조각 채워가자

살랑이는 바람결에
가냘픈 줄기 흔들어

고운 빛깔 넘실거리는
군무에 축가 퍼져 가고

마른 영혼에
붉은 노을 맞았으니

살살이꽃 피는 날에
손잡고 거닐며 가자

* '코스모스'의 순우리말

들꽃

험지에 날아가
자리 잡고

싹을 피워
낯선 이들과
마주해도 어색하지 않고

전하는
자연의 미소가 예쁘다

그렇게 살고 싶다
그들처럼

반시

단감도 대봉감도
모두 씨를 품고 있는데
너는 어째서 씨를 품지 못하니?
너는 평생 처녀의 몸으로 있을 건가

붉기는 저녁 해 같고
맛은 다디단데
씨가 없으니 앞날이 걱정이네
그런데도 자손이 번성하네

보름달

둥근달이 내려옵니다
지붕 위까지 내려왔습니다
우물가 장독대까지 내려왔습니다
아이가 달을 따 달라고 조릅니다

달은 내려와 그저 웃고 있습니다
아이는 앙앙 소리 내어 웁니다
장대를 들고 와서
아이가 달을 따 달라고 조릅니다

둥근달이 내려오는
보름 달밤
달 때문에 울었던 기억이
눈앞에 아른거립니다

들꽃 사연

어머니는
들판에서 살다가
들판에서 나를 낳았습니다

바람이
나를 어디론가 데려가
어머니와 나는 헤어졌습니다

어머니를 그리다
잠이 들고
꿈속에서 어머니를 만났습니다

내 자태가 고운 것은
내 마음이 강인한 것은
어머니를 닮았기 때문이랍니다

씨를 내린 곳이 보도블록 틈새 험한 땅
시멘트 그 사이를 비집고
싹을 틔워 꽃을 피웠습니다

어머니가 꿈속에서 말했습니다
아가야, 착한 아가야
네 선한 마음이 너를 구했구나

들꽃 인생

인생을 무엇에 비길까
들꽃에 빗대 본다
무엇이 닮았는가
무리 지어 사는 것이 닮았다

들꽃은 꽃송이가 작다
가냘프지만 강하다
모여서 산다
서로 사랑한다

밤에는 별 꿈을 꾸고
낮에는 꿈을 가꾼다
이슬 먹고 산다
어디든지 틈새 비집고 싹을 틔운다

닮고 싶어라, 들꽃 인생

낙엽의 마음

우리가 땅 위에 내려앉아 할 일은
땅에 뿌려진 연약한 생명 보듬는 일
추운 겨울 꽁꽁 얼어
새봄에 새싹을 틔우지 못하면 어쩌나

이리저리 부는 바람에 몸을 맡기며
굴러와 정착한 곳이 우리들 겨울 자리
거기 모여 씨앗들을 품어 덮는다
봄이 올 때까지

드디어 어느 봄날
덮은 이불 밀쳐내고 고개 내미는 새싹
우리는 이 어여쁜 생명을 위해
땅 밑 깊이 스며들어
그의 영양소가 되어주련다

II

나만의 그림

사람은 저마다의 그림을 그린다
나도 나만의 그림을 그린다
이 그림 완성될 즈음
나는 부축을 받으며 경로석에 앉겠지
아니, 그때도 나의 그림은 미완성
세상에선 완성이란 있을 수 없으니까
인생은 미완성이라 했지만
그래도 완성을 향해
나는 오늘도 색색의 붓을 든다

끌리다

약속도 없고
부르는 이도 없는데
알 수 없는 끌림에 길을 나선다
봄바람이 등을 살짝살짝 떠민다

하늘은 맑은 빛
잎새는 연둣빛
숲길은 봄 향기로 덮였다
오지 않았으면 못 봤을 풍경

허전했던 마음 한구석이
환히 밝아 온다
만남은 소중한 선물
자연이든, 사람이든, 그 무엇이나

틈새

돌이 단단하다고
단단한 벽 쌓을 수는 없다
틈새가 많으면
돌벽도 허물어진다

틈새를 메우는 작은 돌과 진흙
고 작은 것의 역할이 성공을 좌우한다
세상에 태어나 내가 맡은 역할은 무엇일까

나는 큰 머릿돌이 되고 싶었다
그러나 몇 번의 좌절과 고비 끝에 깨달은 건
틈새를 메우는 작은 돌과 진흙이 되는 것
그것이 되려고 늘 감사하며 산다

휴대전화기의 위력

휴대전화기를 잃어버렸다
기억이 백지다
아무것도 할 수 없다
IQ 지수가 급속히 하강한다

귀가 멍하듯
세상이 멍하다
그다음에 오는
불안과 초조

과거사 복구를 위해
나의 번호부터 기억해 낸다
주민 번호, 전화번호
통장 번호

그동안 편리하게 살았다
터치만으로도 쫙 펼쳐 보이던
말 잘 들던 나의 저장고
휴대전화기에 입력된 나의 두뇌

사랑의 신비

한정된 공간과 시간 속에
갇혀서 사는 나
지구는 나를 붙잡고 있다

영원 세계
거기는 공간도 시간도 없다고 한다
자유로운 영체

공간과 시간, 그 너머의 세계에서도
똑같이 존재하는 건 무엇일까
사랑이겠지, 사랑일 거야

일기

아침에 일어나
잠자리에 들 때까지
오늘 만난 사람들의 다양한 모습들
되새겨 본다

그들과의 만남에
하나하나 의미를 부여해 본다
의미를 부여하면 뜻있는 하루가 쌓이고
그냥 지나치면 무의미한 하루로 남는다

늘 일기장을 가득 채우는 건
사람들과의 만남
거기에 의미를 담는 것
그로 인해 내 삶이 바뀐다

리트머스 시험지

여름 구름 걷히고
가을 하늘이 파랗게 높아진다

붉은 단풍이
가을 뙤약볕 땀에 젖어
하늘을 파랗게 물들이고 있는지 모른다

아니, 파란 가을 하늘이 산성비에 젖어
나뭇잎을 붉게 물들이고 있는지 모른다

내 한여름의 청춘도 지나가고
나의 가을이 왔다
내 마음의 리트머스 시험지는
나를 어떻게 변화시키려나

도화지 한 장 펴놓고 생각에 잠긴다

보람

꽃을 싫어하는 사람 있을까
웃는 얼굴 싫어하는 사람 있을까
한여름 나무 그늘 싫어하는 사람 있을까

꽃처럼 기쁨 주고
웃음으로 즐거움 주고
짙은 그늘 만들어 한더위 쉼터를 제공하는 삶

이렇게만 살아도
나,
살아가는 보람 있으리

순환

아침에 일어나
조용히 창문 열고
하늘을 바라본다

우주 만물은 오늘도
몸 안의 혈액처럼 순환하고 있다
하늘을 바라보는
평온한 내 몸 구석구석
잘 순환하고 있다

순환이라는 두 글자가
오늘 아침 내 이성을 깨운다
막히면 안 돼
순조로운 하루가 되기를
마음으로 기도한다

첫사랑

그대 떠난 자리에
홀로 앉아
밤바다 먼 불빛만 바라본다

불빛이 파도를 타고
어디론가 자꾸 멀어져 간다
나도 불빛을 좇아간다

불빛을 따라가면
그대를 만날 것 같은 작은 희망이
가슴 뛰게 하는 밤

그대 손 잡고 싶어
그대 어깨에 기대어 내 꿈 말하고 싶어
그대 손 다시 잡을 수 있을까

비 내리는 오후

차창에 부딪히는 빗줄기
와이퍼로 닦아도
흘러내리는 빗물은
빗물이 아니라 눈물이다

나 대신 울음 울어주는
강한 빗줄기
닦아도 닦아도 멈추지 않는 눈물
그리움 솟구치는 눈물

내 마음 어느 곳에
사무치게 고여 있다가
이렇게 봇물처럼 터져 나오나
그리운 그대여

다시 피운 우정

만국기 휘날리던
그날, 우리

구석진 자리 잡고
구워가는 옛이야기

추억의 불씨가
끝없이 타고 있다

23시
오고 가는 눈길 반짝이지만

두리번거리며 일어서야지
과거와 현재는

시들지 않는 마음에 담고
가로등 불빛 따라 사라져 가네

그리운 날에

아침 깨우는 소리에
창밖을 본다

어제와 다른 잎새는
짙어가는 녹음으로 바쁘게
하루해를 맞이한다

여린 연녹색 끝에
매달린 빗방울 바라본다

그대 웃음을 그려내고
청량한 바람 따라
어디든 떠나고 싶다

고마운 사람이 있어
행복한 사람이 있으니
감사한 마음으로 뛰어가리

찻잔 속에 남겨진
향기가 그리운 날에

파도를 보며

불볕더위가 서산을 넘을 즈음
바위에 걸터앉아 신을 벗었다
바닷물에 발을 담갔다
발끝에서 올라오는 상쾌한 냉기
서늘한 눈동자로 먼 수평선을 바라본다

석양빛에 물든 갈매기 떼의 울음소리
짝을 찾는 소리로 들린다
울부짖음이 내 마음 깊은 곳을 파고든다
그리운 얼굴
헤어진 첫사랑이 떠오른다

그립다는 말
보고 싶다는 말
어느새 기도처럼 염송하고 있다
석양이 지는 수평선 바라보며
이 마음 전해달라고 부탁한다

빈 의자

가을이 보고 싶어
바람에 몸을 싣고
금빛 물결 넘어
색칠하는 산에 내렸다

오솔길 따라 거닐며
깔깔대며 웃고 있는
꽃들의 언어를 배워
꽃 웃음을 보내고 싶다

흔들리는 비바람에
견디며 지켜온
감나무 가지 끝에 달려
붉은 청춘의 빛이여

가을에 취해 노래하는 길이
눈앞에 산은 곁에 있었네
늘 변함없는 그대 감사에
쉬어 가라고 빈 의자 내어 주리라

저녁 해 뜨는 창가에서

채워지는 것으로
비워가는 조화에

하루해 먹고
자라며 살아가네

소소한 기쁨을
행복이라 생각하는
바람 같은 인생길

바쁜 일상이
힘든다 해도

누구나 똑같이 주어진
오늘을 잡아 두고

잃어버릴까
두근거리는 마음은

작아진 그림자로

별빛만 바라보네

저녁 해 뜨는 창가에서

점點으로 찍은 오늘

해와 달 그리고
산과 물은 조화를 이루며
하나 되어 잘도 돌아가네

무언의 몸짓으로
다가와 노래하는
산천의 향기 꽃을 피우고

동이 트는 너를 보고
노을 그리는 나를 만나서
별이 되어 내리는 공간에
하루의 점을 만들었네

짧지 않지만 길지 않은
점 하나에 수많은 사연 담고
긴 선을 만들어 가는 삶에서
뒤돌아보니 감사하네

연결 고리를 풀어가고

말없이 흩어진 점들을
다시 모아 그대를 맞으리

점點은 선線이 되고

동이 트는 너를 보고
노을 그리는 나를 만나

별이 되어 내리는 공간에
하루의 점을 찍었다

길지 않은 점 하나에
수많은 사연을 담고

삶은 선을 만들어
당기고 붙잡은 걸음으로
얼마나 지나왔을까
뒤돌아보니 감사한 일을

꼬여진 고리 풀어가며
말없이 흩어진 점들을
다시 모아 걸어가리

우연한 만남

약속은 없었다
약속한 듯 만난
그때 그 자리

살다 보니 이렇게
맞아 떨어지는 시간이 있네
누구의 작용인지 모르겠네

III

우리 아기 '예서'

히야신스 향기가 이렇게 진할까
갓 태어난 아기에게서 나는 향기
어떤 꽃보다 향기로운 우리 아기
네 이름은 '예서'

어떤 선물이 이렇게 기쁠까
하얀 배냇저고리에 싸인
빨간둥이 우리 아기
건강하게 자라라

이 기쁜 날
눈물은 왜?
너무 기뻐서, 너무너무 기뻐서
울음이 북받치네

아가야

갈바람이 불어와
가슴 적시는 날
파란 창공 마주하니
꿈속 하늘에 예쁘게 피었네

아가야
구름 사이 비추는 햇살로
희망을 밝히며 다가오는
생명의 불꽃 반갑게 맞이하리

아가야
온기로 둘러싸인
생명의 울타리에서
기뻐하며 성장하는 움직임에
엄마 아빠는 응답하겠지

아가야
어둠을 밝히는 작은 빛으로
세상에 태어나는 순간에
힘찬 울음이 기쁨이 되고

벅차오르는 감사 노래 부르리

아가야
찬 바람 지나가고
연푸른 잎새 고개 들 때
작은 손 내밀어 만나겠지

배냇저고리

아기가 태어나던 날 입힌
하얀 배냇저고리
아기 엄마가 처음 입었던 배냇저고리
아기 할머니가 손으로 누벼 만든 배냇저고리
대물림하는 배냇저고리

할머니 손바늘로 만든 사랑표
엄마가 태어나서 입었던 사랑표
이제 아기가 입고
엄마 품에 안겼네
우리 아기가 천사 같네

부부

고달픈 젊은이 둘이 만나
한 몸 되었습니다
가난과 가난이 합쳤는데
가난은 더 커지지 않았습니다

부부가 된 우리는
역경을 이겨냈습니다
고난을 초월한 힘
그건 사랑이었습니다

우리 하나 되지 않았더라면
각자 외톨이로 살았더라면
더 커진 가난 덩이에 짓눌려
외로운 길목에서 쓰러졌으리라

부부란 두 개인이 아니라는 것
각자 멋대로 뻗어 가는 덩굴 아니라는 것
해를 향해 어깨 맞춰 함께 성장하는 것
그것이 부부라는 것을
늦은 어느 날 불현듯 깨달았습니다

나의 동반자

찬란했던 우리의 봄
결혼 행진곡이 울리던 그날
레드 카펫 위를 우리는 행진했지요

면사포에 가려진 그대 얼굴
그대는 나의 전부, 나의 희망이었어요
떨리는 손으로 그대 손 잡았지요

자녀들이 태어나고, 그 뿌리 뻗어
손자 받아 안으니
우리의 봄이 그들에게로 갔네요

우리의 찬란했던 봄
그 계절은 마음 안에 시들지 않고 그대로인데
어느새 황금빛 가을을 맞는 우리의 사랑

먼 훗날
생의 공간이 서로 다르더라도
우리는 떨어질 수 없는 한 몸, 한 영혼

결혼 행진곡에 발 맞추던 그 길
그 공간과 시간
내가 사랑하는 둘도 없는 나의 임이여

아내에게

그대는 나의 행복
그대를 만나
나는 역경의 늪에서 일어섰어요

천지간 암흑에 갇혀 헤맬 때
영혼의 가림막 열어젖히고
새 하늘 새 땅을 맞이했지요

순탄치 않은 길 걸으면서도
긍정의 마음 일깨우며
믿음의 날 만들어 갔지요

그대를 만난 것은 행운이었어요
그대는 내 행복의 여신
마음의 부유를 누리게 했어요

그리운 어머니

고요한 시간
창밖을 바라보면
불현듯 어머니 생각이 납니다
아득한 얼굴
나를 세상에 태어나게 해주심에
감사의 눈물이 고입니다

응답처럼
산들바람 불어와
내 눈물 닦아주시는 어머니
어머니도 말없이 우십니다
아가야, 아가야 아가야…
그저 눈물만 흘리십니다

어머니의 향기

늙은 어머니 가슴에서
향기로운 젖 냄새가 풍긴다
우글쭈글 마른 젖가슴
그 향기 어디서 새 나오는지

눈 내리는 겨울에도
어머니가 계시는
고향 어귀에 들어서면
마을 어귀부터 감미로운 향기가 난다

늙은 어머니 가슴 깊은 곳에
젖 항아리 묻혀 있어
아들이 올 때마다
뚜껑이 열렸다 닫혔다 하나 보다

고향집 어머니

고향을 생각하면
나를 반겨주실 어머니 얼굴부터 떠오른다
고향 어귀에 들어서면
내 어렸을 적 발자국들이
흩어져 뛰놀고
담 밑 해바라기는 여전히
내 키보다 더 크다

어머니를 부르기도 전에
내 발걸음 소리 듣고
마당 가로 먼저 바삐 나오시던 어머니
이제는 반겨줄 힘마저 떨어져
겨우 방문만 여시는 어머니
검버섯 가득 핀 손등이 가슴 아프다

문 앞에서 인사하고
또다시 떠나야 하는 마음
홀로 계신 어머니, 늘 마음 아프다

이별의 아픔

미워도 해봤다
사랑도 해봤다
미움도 사랑이요
사랑도 사랑이었다

태어나면서부터
모정의 이별 아픔을 겪었다
그것이 내 운명이라면
달게 받기로 했다

살아오면서
수많이 겪은 애절한 마음
그때마다 백지에 피를 토했다
눈물은 사치스러움

미워하고 원망할수록
더욱 애절한 사랑
모정의 그리움
그리움은 지워지지 않는
나의 그림자

코로나19

난데없이 들이닥친 코로나19는
가정의 평화를 깨고
이산가족의 슬픔을 안겨 주었다

요양원 유리벽 너머로
어머니와 손을 잡는다
차고 두꺼운 유리벽은
서로의 체온을 차단하고
마음까지 차단했다
뜻도 알 수 없는 입술의 움직임만이
소통의 전부였다

음 소거 텔레비전 영상을 보는 듯
초췌한 어머니 모습
그러나 그 체온과 향기와 사랑은
변함없이 전해 온다
시간도 공간도 초월한
어머니의 그 모든 것이
확실히 내 마음 문을 열고 들어온다

당신 봄날에

시린 손으로
아궁이 불 지피고
애타는 마음 적시며

온기를 전하시던
당신은 어디에 계십니까?

품속으로 갈 수 없고
거칠어진 손길
잡을 수 없어도

당신 꽃을 찾아
그리운 봄바람 타고
여기에 머물렀습니다

땅속 꿈틀거리는 소리에
요동치는 가지의 눈물은
보고 싶은 아픔이었는지요

봄이 오는 고향 땅에

연푸른 잔디 만들어
당신의 봄날에 피우겠습니다

그대 그림자

언제였는지 알 수 없는
그대가 남겨둔 향기에
데워진 찻잔에 녹여
진한 그리움 피워내네

저 너머 찾아온
밤하늘 외로울까
가로등 불 밝혀
너에게 보내고 있었네

사랑한다고 말하기에
늦어 버린 시간
눈빛에 파도 밀려와
마음의 거품을 담아 가고

말 없는 하얀 물결
잔잔한 바다로 돌아가네
그래도 다행이야
그대 그림자 볼 수 있으니

코로나 격리실

코로나 격리실
봄 햇살이 창가를 비추던 그날
비대면이 대면으로 바뀌던 그날
단숨에 달려가 어머니 손을 잡았다

어머니도 눈시울 붉히며
말없이 내 손 어루만지셨다
고맙다, 고맙다,
반복되는 이 한 말씀 안에는
외로움과 고통과 삶의 회오가 들어 있음을
나는 안다

어머니 손은 차가웠다
그런데도 온기가 느껴지는 건
어머니 마음의 온기임을
어찌 모르리오

유리벽 너머

유리벽 너머
찬란한 빛은 당신의
해맑은 미소였습니다

주름진 손등은
흘러간 흔적으로
유리벽을 마주하고

잡을 수 없지만
느껴보는 온기는
몸이 기억한
그 시절로 돌아갑니다

메이는 마음
어찌 말로
다 할 수 있을까

나이가 어릴 적
밤잠 설치며
아파서 울던 그때

품에 안은 눈물의
어머니 마음도 이러했으리라

어머니!
어머니!
이 세상 끝 날까지
당신 사랑은 영원하리라

사랑하는 우리 어머니

할머니 무릎 교육

아가야
뛰어갈 땐 앞만 바라보아라
뛰어가다 힘들면
쉬엄쉬엄 걸어가렴

느린 걸음 걸으면
뛰어갈 때 보지 못한
수많은 것들이
눈으로 가슴으로 들어온단다

빠른 것은 좋아
느린 것도 좋지
멀리 보기 때문이란다
우리 아기 할머니 말 잘 듣지?

꿈을 향한 걸음에
—취준생 아들을 위한 사랑 시

하루는 깨어나지 않았다
저편에서 밀려오는
꿈의 열차를 기다리며
청춘은 정류장에 멈추었다

어디로 갈까
수많은 날 고뇌하며
해님을 반기고
달님을 맞이했던가

순풍이 아니었던 나를
빛은 꿋꿋하게 지켜주었고
앞이 보이지 않을 때는
가슴에 별들이 밝혀주었지

기다리며 설레었던 순간들
오늘이 떠나는 소리를 들으며
나를 태우고 힘차게 달려간다
꿈을 향한 청춘을 위하여

오랜 우정

장맛은 묵을수록 좋다고 한다
친구도 오랜 친구가 좋다
장맛처럼

오랜만에 만나도
어색하지 않은 사이
흉허물 털어내도 믿음 가는 사이

숯불구이에 소주잔 건네며
지난 얘기 하고 또 하고
시간이 가는지 오는지
그저 즐겁기만 하다

쏟아내면 낼수록
채워지는 것 더 많고
채워지면 질수록
무겁던 가슴 가벼워지는 옛 우정

IV

기도하는 마음

기도를 먹고 삽니다
기도하지 않으면 죽을 것 같은 침울함
그래서 기도합니다

고요한 밤에
촛불 밝히고
어머니를 위해 기도할 때면

어딘가에서 다가오는
따뜻한 온기
내 마음을 광명으로 이끌어 줍니다

작은 기도

풀잎 끝자락에 맺힌
이슬방울을 바라보니
행복했습니다

한낮 햇볕이 쬐는
넓게 펼쳐진 하늘 향해
갈망하는 해바라기로
희망 꽃이 되었습니다

스쳐 가는 일상
기울어진 어깨
붉은 하늘 내려놓으니
스며드는 전율에 물들었습니다

고요 속에서 침묵으로
마음에 불 밝히고
남겨두고 떠나는 자리에
작은 기도를 바치겠습니다

일치一致의 기도

사랑하는 마음 안에 일어나는 일치
얼마나 사랑해야 일치를 이루나
일치되기까지의 거리는

기도로 다가가 본다
거기에도 틈이 있다
집중하면 할수록 더욱 벌어지는 틈새

한순간에 찾아오는 일치
그 시간과 공간은 신비다
기도 안에서의 작은 체험

희망希望

초 한 자루의 침묵,
스스로 빛을 피우지 못하고
끄지도 못하지만

누군가 밝혀주는 불로
자신의 생명을 깎아 가며
어둠을 깨우는
소리 없는 사랑입니다
타오르는 희망입니다

감사하자

거저 주어져 느끼지 못했다

순간마다 나를 지키는
오늘 선물을 감사하자

감사는 나눌수록
기쁨이 되고

기쁨은 베풀수록
행복 되어 곁에 머무는 것을

아낌없이 사랑하고
마음껏 외쳐보자
후회 없는 지금을 위해

감사 기도

주님,
우리가 바치는 감사 기도가
하늘나라에서는 어떻게 들리시나요
이것저것 나열하는 저의 감사 기도
수만 가지를 나열해도 부족한 감사 기도
이 모두를 통틀어
한마디로 할 수 있는 감사의 언어
그 언어를 가르쳐 주십시오

반성의 시간

가을이 문턱을 넘어왔다
곡식과 열매들이 영근다

낙엽은 한잎 두잎 땅 위에 쌓이고
가을 해는 서산마루를 넘는데

내 마음에는 무엇이 영글고 있는가
내가 걸어온 길
바르지도 못하고 둥글지도 못하고
삐뚤빼뚤 마음만 앞서곤 했다

마음에 들지 않는 현실만 탓했을 뿐
내 잘못은 반성하지 않았다

모든 것은 내 탓이었어
네 잘못이 아니었어

너를 위한 내 마음

너를 위해
나는 준비가 되어 있어
너의 투병을 위해
나는 마음의 준비가 되어 있어

투병의 고통과 두려움과 외로움
나도 곁에서 겪어낼게
너의 소중한 일상들
구김살 없이 펴 접어 챙길게

네가 고통스러워할 때
기도를 모르던 내가 기도를 하게 돼
네 고통이
너와 나를 구원의 길로 이끌어 주었어

성찰 省察

부자, 가난한 자
둘 중 하나를 선택하라시면
들에 나는 새들처럼
들에 피는 꽃들처럼
오늘의 일용할 것 외에는
소유하지 않겠다고 말하겠습니다

세상 떠날 때
소유하는 것이 많을수록
그것이 내 발목을 잡아당겨
편히 떠나게 하지 못할 것이며
남겨 놓은 것이 많을수록
불화의 씨앗이 될 것이기 때문입니다

'일용할 양식' 외에는
몸과 마음 안에
무엇을 더 소유하고 있는지
무엇을 버려야 할지
성찰하는 시간이
매일의 마지막 기도입니다

오늘도 무사히

'오늘도 무사히'
오늘을 지켜주신
주님께 감사

오늘까지 달려온 이 길은
누군가 이 길을 앞서가고
나는 그 뒤를 따라왔다
결코 내가 만든 길 아니다

순리의 길 배우고 터득하며
자연법칙에 순응하며
'오늘도 무사히'
감사 기도로 하루를 마감한다

저희에게도 기적을…

도시의 거리는 연이은 폭염으로
가로수 잎들마저 타 들어간다

저 콘크리트 병동에서는
코로나의 폭염으로 숨소리 타 들어간다

생명을 살리는 기적 일어나라
나도 모르게 두 무릎 꿇는다

주님, 저희에게 자비를 베푸소서
주님, 저희에게 기적을 보여주소서

나의 형제여

죽음은 도둑처럼 온다더니
남의 말이 아니네
바로 나에게 한 말이네
나의 형제여
그 길 피할 수는 없었는가

우리가 나누었던 형제애는
저 뒤로 밀려나고
안타깝고, 불쌍하고
후회하는 마음뿐
못다 해준 아픔만 가슴 에이네

불덩이 같은 가슴 토해낼 길 없네
감당할 수 없는 폭풍의 바다네

욕심 비우기

멀리 볼수록
넓게 다가오고
보이는 만큼 커지는
사랑을 만들어 가세요

사소한 일들까지
나의 것으로
채우려 하지 마세요

나의 것 아닌 욕심에서
이루려고 했던 일들
이제는 내려놓으십시오

거울 속 나를 보고
걸어왔던 그 길에
이름 모를 들꽃을 보세요

햇살에 웃고 있는
작은 꽃들이 사는 모습에
함께 웃으며 걸어가요

어느 친지의 마지막 전화

나, 가는 길 두렵지 않네
남은 시간 짧지만 준비할 시간 있어 감사하네
코로나에 감염된 건 나만의 일이 아니네
그러니 애통해하지 말고
떠나는 나를 덤덤히 보내주게

나, 죽음 두렵지 않네
'지혜로운 사람도 죽고
 어리석은 자 우둔한 자 모두 죽는 법이다'*
그러하니
앞서간 조상의 뒤를 따르는 건 당연지사라네

나, 지금 행복하다네
호스피스 병동 침상에서
내 은인들에게
감사와 사랑을 전하는 마음
지상에서의 마지막 행복한 시간이라네

슬퍼하지 말게
지금 내 숨소리 거칠어지는 것은

먼저 간 내 은인들과 재회할
벅참과 기쁨에서 울리는
심장 박동 소리라네

힘들어도 모두 잘 살게나

＊성서 시편 49편

창밖에 비는 내리고

창밖에 비가 오네요
방울방울 창가에 모여
꿈에 그리며 보고 싶었던
당신 모습 그려 놓았어요

이쪽을 보고 있으니
입가에 미소가 예쁘고
저쪽으로 그대 보니
그리움을 남겨 두었네요

당신 오시는 소리 따라
네모난 밖을 바라보다가
그대 웃음을
잊어버렸나 봐요

마음에 남겨 두었으니
그래도 좋아요.
지워지지 않는 그대 모습을
다시 펼치는 시간이 있겠지요

떠난 자리 메우고

어제를 보낸 자리에
오늘은 무엇이 남아있을까?

빈 몸으로 왔다가
모든 것 벗고 홀홀히 연기 되어
갈바람 타고 떠나가네

그래도 다행이지 않은가
수많은 이들 중에
서로에게 뜨거운 눈빛이
사랑이란 불로 열매를 맺고

천사의 웃음을
가슴에 안고 기뻐했던
그날이 있었으니까

사람의 향기

어떤 삶을 살았는지
살아온 습관대로
그 사람의 향기가 다른 것 같다

일상에 쫓기며 바쁘게 살아온 나는
생각도 없이 떠밀리듯 살아온 나는
끝 날에 어떤 향기를 뿜을까

그래서 나는
정직하게 살리라
기도하며 살리라
사랑하며 살리라

비 오는 날엔 이웃의 우산이 되어 주고
눈 내리는 날엔 이웃의 난로가 되어 주고
찌는듯한 여름날엔 짙은 나무 그늘 되어주리라
그렇게 노력하며 살리라

동굴 속의 성모 마리아

성모 마리아
인자하시고 자애로우신 어머니
오늘도 어머니의 따뜻한 품이 그리워
성모당을 찾아왔습니다

한 자루 초에 불 댕겨 붙이고
장미 한 송이
어머니 발아래 공손히 올립니다
저의 마음에 빛이 스며듭니다

아름다운 동산
저의 안식처
푸른 풀밭으로 저를 인도해주신 어머니
필요한 은총 전구해 주시는 어머니

미움을 사랑으로
슬픔을 기쁨으로
고통과 절망을 희망으로 바꿔 주시는 어머니
영광과 찬미 받으소서
아멘

해설

사랑과 감사와 나눔의 시

이 태 수 〈시인〉

해설

사랑과 감사와 나눔의 시

이 태 수 <시인>

ⅰ) 김진수의 시는 소박하고 진솔하며 따스하고 정결하다. 어떤 사물이나 대상에도 감정을 이입移入하거나 투사投射하게 마련이지만, 순탄한 어휘와 문장을 구사하고 까다로운 기법과도 거리를 두고 있어 평이하다. 순수하고 천진한 그의 시는 하늘(자연)을 받들고 그 섭리攝理에 순응하는 마음자리에 사랑, 나눔, 베풂의 미덕과 이를 받치는 가톨릭 신앙을 다지고 있어 아름다운 신앙 고백을 연상케 하고, 겸허한 수신修身의 기록 같아 보이기도 한다.

낯익은 전통에 맥을 잇는 서정시를 지향하는 시인의 서정적 자아는 지극히 인간적이면서도 사소한 자연현상에도 애틋한 마음을 끼얹는가 하면, 신성神性을 본받고 닮으려 하는 의지도 완곡하게 내비쳐 보인다. 이 때문에 그의 일련의 시는 세속적인 욕망을 비우고 내려놓는 자리에 주어진 여건이나 환경에 융화되고 화해和解하면서 감사하는 마음을 도처에 아로새기는 양상을 띠고 있다.

ⅱ) 시인은 나무를 통해 자신을 들여다보고 자신의 처지를 나무에 투사하거나 감정을 이입해 바라보기도 한다. "나무의 사계절을 보며 / 나와 닮았다는 생각을 한다"(「나무야, 나무야」)는 구절이 말해주듯이 나무와 자신의 삶이 다르지 않다고 느끼기 때문일 것이다. 더구나 그런 생각이 "또 다른 세상을 만들어 내는"(같은 시) 동력動力이 되어준다고도 여긴다.

이 같은 인식의 바탕에는 하늘(자연)의 섭리와 그 순리에 따르려는 겸허한 마음이 자리매김하고 있다. 나무는 봄에 싹을 틔우고 여름이면 잎이 무성해져 그늘을 드리우나 가을엔 그 잎들이 진다. 시인은 자신의 삶도 그런 질서와 순리에 놓이면서도 그 변화는 "또 다른 세상을 만들"게 한다는 긍정적인 생각을 하고 있으며, '또 다른 세상'을 만들고 있다는 뉘앙스를 은밀하게 암시한다.

가톨릭(기독교) 교리에 따르면, 인간은 원죄原罪를 안고 태어난다. 그러나 엄하면서도 자애로운 하느님의 큰 사랑 안에 놓인다. 이 때문에 형벌과 고난에서 자유롭지 못한 경우라도 하늘을 따르면 그 큰 사랑 안에서 구원받게 되고 새로운 생명을 얻게 되기도 한다. 우주 만물도 마찬가지일 것이다.

> 발가벗은 겨울나무는 팔을 들고 섰네
> 이 엄동설한에 엄한 벌을 받고 있나 보다
>
> 긴 시간 형벌로 단련시키는 분
> 하느님 마음 얼마나 아프실까
>
> 엄하고 자애로운 하느님께서
> 어느 봄날에 형벌 거두시고
>
> 나무야, 너에게 입힐
> 연두색 두루마기를 마름질하고 계신단다
> ―「겨울나무」 전문

 시인은 어떤 사물이든 감정을 이입해 들여다보게 마련이다. 너무나 인간적인 서정적 자아 때문이다. 겨울의 나목裸木을 바라보면서는 엄동설한嚴冬雪寒에 팔을 들고 서서 엄한 벌을 받고 있는 것으로 본다. 그러나 그 엄벌은 긴 시간 형벌로 단련시키는 하느님의 진정한 사랑과 연민을 동반하고 있으며, "하느님 마음 얼마나 아프실까"라는 대목이 시사하듯, 궁극적으로는 엄하지만 자애로운 하느님의 큰 사랑 안에 있다는 사실을 일깨운다.

게다가 겨울에도 하느님은 나무에게 새봄에 입힐 "연두색 두루마기를 마름질"한다고 하지 않는가. 하느님의 큰 사랑을 은유隱喩하는 이 대목에서는 죽어야 다시 태어난다는 부활復活 신앙이 은밀하게 스며 있으며, 새 생명력은 고난을 넘어설 때 부여받을 수 있다는 사실도 시사示唆한다.

이 같은 시인의 겸허謙虛와 감사의 마음은 "감사한 오늘을 걸어가니 / 하루해 저무는 길 따라 / 길어진 그림자 토닥이며 / 내가 좋아하고 사랑하는 / 나의 나무가 웃어주네요"(「나의 나무에게」)라는 구절에서도 읽을 수 있다. 또한 「나무의 눈물」에서는 봄날 아침에 새싹이 돋는 나무를 바라보며 "이슬방울 눈물 사이로 / 싹을 틔우는 사랑의 신비"라고 하느님의 사랑을 예찬한다.

시인은 봄이 올 때는 새 생명의 향기에 젖는다. 겨우내 움츠렸던 나무들이 새봄과 함께 싹을 틔우고 생명의 절정인 꽃을 피우는 모습을 보며 향기를 뿜는다고 여기기도 한다. 봄의 생동감을 돋우어주는 봄비를 모유母乳에 목말랐던 어린아이의 우유에 비유하는가 하면, 우산을 쓰고 새싹들을 바라보면서는 그 향기에 "가슴이 뛴다 / 나도 청춘이다"(「봄비」)라고 자신에게 전이轉移된 생명력을 노래한다.

    꽃은 아름답다
    향기가 옅어도

향기가 진해도
꽃은 제각기 아름다움을 품고 있다

봄비 맞으며 싹을 틔우는
연둣빛 잎새
꽃이 아니어도 아름답다
생명을 품었기에

사람도 아름답다
장애가 있고 노인이 되어도
영혼이 있기에
생명이 있기에

　　　　　　―「아름다운 것」 전문

　아름다움은 생명과 영혼靈魂이 있기 때문이라는 메시지를 떠올리는 시다. 꽃이 향기가 짙든 옅든 아름답고, 꽃이 아니라 싹을 틔우는 연둣빛 잎새들도 아름다운 건 생명을 품고 있기 때문이라고 한다. 이 같은 관점은 사람에게 그대로 적용되면서 그 내면의 영혼에 방점이 주어진다. 장애가 있거나 늙어도 생명과 함께 영혼이 있으므로 사람이 아름답다고 한다.
　시인은 들판에서 피었다 지는 꽃도 예사로 보지 않는다. "어머니는 / 들판에서 살다가 / 들판에서 나를 낳았"(「들꽃 사연」)고, "바람이 / 나를 어디론가 데려가 / 어머니와 나는 헤어졌"(같은 시)다고 생각하며, 들꽃을 닮았다고 생각하기 때문일까. "내 마음이 강인한 것은 / 어머니를 닮았"고 "씨를 내린 곳이 보도블록 틈새 험한 땅 / 시멘트 그 사이를 비집고 / 싹을 틔워 꽃을 피웠"(같은 시)다는 대목은 그 사실을 방증傍證한다.

「들꽃 인생」에서도 인생을 들꽃에 빗대어 그리지만, 지난날의 그런 사연 탓으로 꽃씨가 "험지에 날아가 / 자리 잡고 // 싹을 피"(「들꽃」)우고 꽃을 피운 들꽃을 보면서는 "그렇게 살고 싶다 / 그들처럼"(같은 시)이라고 다짐하고 있으며, 들꽃이 공고한 반면교사反面教師가 되어 주기도 한다. 특히 살살이꽃(코스모스꽃)은 무리 지어 가냘픈 줄기에 하늘거리며 피어나지만 삶의 자세를 일깨워주는 대상으로 그려진다.

파란 하늘 도화지에
보랏빛 희망 꽃피우고

하얀 구름 만들어
분홍 조각 채워가자

살랑이는 바람결에
가냘픈 줄기 흔들어

고운 빛깔 넘실거리는

군무에 축가 퍼져 가고

마른 영혼에
붉은 노을 맞았으니

살살이꽃 피는 날에
손잡고 거닐며 가자
—「살살이꽃 피는 날에」전문

  하늘을 '파란 도화지'에, 보랏빛과 흰 빛깔의 코스모스꽃을 '보랏빛 희망'과 '하얀 구름'에 비유하면서 '분홍 조각'(희망의 전언傳言)을 채워가려 하며, "마른 영혼 자신의 영혼을 겸허하게 낮춤)에 "붉은 노을 맞았으니"(황혼 나이에 접어들었으니) 고운 빛깔 넘실거리며 그런 느낌들을 안겨 주는 코스모스꽃들이 피는 날에 사람들과 더불어 거닐며 가자고도 한다. 아름다운 전언이 아닐 수 없다.

  iii) 시인은 「나만의 그림」에서 사람은 저마다의 그림을 그리듯이 "나도 나만의 그림을 그린다"고 한다. 그 그림이 미완성未完成으로 끝날지라도 완성을 향해 "오늘도 색색의 붓을 든다"고도 한다. 그의 말대로 어쩌면 이 세상에서의 삶은 끊임없이 나름의 그림을 그리는 행위와 다르지 않을는지 모른다.

그 그림 그리기는 지향하는 바의 꿈을 좇아가는 도정道程의 모습을 담고, 미완성을 넘어서려는 시도와 그 몸부림들을 담게도 되겠지만, 끝없는 미완성일지언정 부단히 완성을 지향한다는 그 자체만도 소중하지 않을 수 없다. 그렇다면 시인은 "순조로운 하루가 되기를 / 마음으로 기도"(「순환」)하면서 어떤 '나만의 그림'을 그리려 그 대상들을 찾아 길을 나서는 걸까.

  「그리운 날에」에서 그리는 바와 같이 시인이 감사한 마음으로 찾아가려 하는 곳은 고마운 사람과 행복한 사람이 있는 곳이다. 그 찾아가는 길 위에서는 "어제와 다른 잎새는 / 짙어가는 녹음으로 바쁘게 / 하루해를 맞이"하고, "여린 연녹색 끝에 / 매달린 빗방울 바라"보며 "그대 웃음을 그려내"게 하며, 청량한 바람이 불어 그 바람 따라 어디든 떠나고 싶어지게도 된다.

  그렇다고 그림으로 그리려 하는 대상이 거창하지도 않다. 그 대상은 "소소한 기쁨을 / 행복이라 생각하는 / 바람 같은 인생길"(「저녁 해 뜨는 창가에서」)이며, "작아진 그림자로 / 별빛만 바라보"(같은 시)는 저물녘의 창가이기도 하다. 한없이 자신을 낮추는 이 같은 미덕은 거시적으로는 우주의 질서와도 무관하지 않다.

　　해와 달 그리고

> 산과 물은 조화를 이루며
> 하나 되어 잘도 돌아가네
>
> 무언의 몸짓으로
> 다가와 노래하는
> 산천의 향기 꽃을 피우고
>
> 동이 트는 너를 보고
> 노을 그리는 나를 만나서
> 별이 되어 내리는 공간에
> 하루의 점을 만들었네
>
> ―「점點으로 찍은 오늘」 부분

 해와 달, 산과 물의 조화와 그 질서를 외경畏敬하고 있으며, 무언의 몸짓으로 꽃을 피우는 산천의 향기와 노래에 마음의 귀와 눈을 연다. 또한 '너'와 '나'의 관계도 겸허하게 "동이 트는 너"와 "노을 그리는 나"로 그린다든지, 하루가 저물 때 "별이 되어 내리는 공간"(우주)에 자신은 "하루의 점을 만들었"다는 표현 역시 그렇다.

 게다가 "점 하나에 수많은 사연 담고 / 긴 선을 만들어 가는 삶에서 / 뒤돌아보니 감사하네"(같은 시)라고 점 하나 만든 것에도 감사한다. 같은 말을 되풀이하면서 "삶은 선을 만들어 / 당기고 붙잡은 걸음으로 / 얼마나 지나왔을까"라고

돌아보기도 하는 「점點은 선線이 되고」도 같은 궤의 시다.

시인이 길을 나서는 것은 능동적으로 무엇을 찾아가려 할 때만도 아니다. "약속도 없고 / 부르는 이도 없는데 / 알 수 없는 끌림에 길을 나선다 / 봄바람이 등을 살짝살짝 떠민다"(「끌리다」)고 밝히는 바와 같이, 알 수 없는 끌림은 자연의 아름다운 변화 때문이기도 하고, '만남'이 안겨주는 소중한 느낌 때문이기도 한 것 같다.

> 하늘은 맑은 빛
> 잎새는 연둣빛
> 숲길은 봄 향기로 덮였다
> 오지 않았으면 못 봤을 풍경
>
> 허전했던 마음 한구석이
> 환히 밝아 온다
> 만남은 소중한 선물
> 자연이든, 사람이든, 그 무엇이나
> ―「끌리다」 부분

봄바람이 등을 떠밀기 때문에 나선 길에서는 맑은 하늘과 연둣빛 나무와 풀들의 잎새를 만나고, 봄의 향기로 덮인 숲길을 걷게 된다. 오지 않았다면 만날 수 없는 풍경들이 마음을 환하게 바뀌게도 해준다. 그래서 시인은 "만남은 소중한 선물"이라는 사실을 깨닫고, 그런 자연뿐 아니라 사람과의 만남이 소중한 선물이라는 생각에도 이른다. 「일기」는 만남 중에서도 사람과의 만남을 가장 소중하게 여기는 마음을 진솔하게 떠올려 보이는 경우다.

>아침에 일어나
>잠자리에 들 때까지
>오늘 만난 사람들의 다양한 모습들
>되새겨 본다
>
>그들과의 만남에
>하나하나 의미를 부여해 본다
>의미를 부여하면 뜻있는 하루가 쌓이고
>그냥 지나치면 무의미한 하루로 남는다
>
>늘 일기장을 가득 채우는 건
>사람들과의 만남
>거기에 의미를 담는 것
>그로 인해 내 삶이 바뀐다
>―「일기」 전문

일기장을 가득 채우는 건 사람과의 만남의 기록이며, 그 만남에 나름의 의미를 부여하는 것이 일과의 마무리일 정도다. 그 의미 부여는 뜻있는 하루를 쌓이게 할 뿐 아니라

그로 인해 자신의 삶이 바뀐다고 그 만남을 소중하게 여기는 시인의 마음자리는 따스하고 아름답다. 「비 내리는 오후」에 묘사되듯이, 물론 사람뿐 아니라 차창에 부딪히는 빗줄기를 '나 대신 울음 울어주는 눈물'로 여기는 마음도 별반 다르지 않다. 이 아름다운 마음자리는 겸허하게 자신의 낮추는 자세와도 깊이 연계連繫된다.

돌이 단단하다고
단단한 벽 쌓을 수는 없다
틈새가 많으면
돌벽도 허물어진다

틈새를 메우는 작은 돌과 진흙
고 작은 것의 역할이 성공을 좌우한다
세상에 태어나 내가 맡은 역할은 무엇일까

나는 큰 머릿돌이 되고 싶었다
그러나 몇 번의 좌절과 고비 끝에 깨달은 건
틈새를 메우는 작은 돌과 진흙이 되는 것
그것이 되려고 늘 감사하며 산다

―「틈새」 전문

자기의 삶을 되짚으며 성찰해 보이는 이 시는 단단한 돌벽(돌담)이 지탱되는 건 단단하고 큰 돌들의 틈새를 메워주는 작은 돌들과 진흙 때문이라는 사실을 환기하며, 자신은 그런 작은 돌과 진흙으로 틈새를 메우는 역할에 감사하며 산다고 토로하고 있다. 세상을 그렇게 살려고 마음먹게 됐지만 물론 애초부터 그랬던 건 아니다. 큰 머릿돌이 되고 싶었으나 몇 번의 좌절과 고비 끝에 깨달았다. 그의 인성人性을 짚어보게 하는 시로 읽힌다. 이 겸허한 마음가짐의 기저에는 "공간과 시간, 그 너머의 세계에서도 / 똑같이 존재하는 건"(「사랑의 신비」) '사랑'이라는 믿음이 자리매김하고 있기 때문일 것이다.

  ⅳ) 그의 일련의 시에는 '사랑'과 '연민'이 기본 화두話頭인 가족사가 소박하게 그려져 있다. 특히 아기와 아내, 어머니에 대한 시편들은 거의 감정 절제나 여과 없이 직정적直情的으로 속마음을 떠올린다. 이 일련의 시는 시인의 마음자리를 가장 진솔하게 보여주며, 인정人情의 반추와 사람 사이의 사랑을 곡진하게 떠올린다.
  「우리 아기 '예서'」에서는 갓 태어난 아기(예서)가 어떤 꽃보다 향기롭고 어떤 선물보다 기쁘다며 너무너무 기뻐서 울음이 북받친다고도 한다. 그 아기는 시인에게 "구름 사이 비추는 햇살로 / 희망을 밝히며 다가오는 / 생명의 불꽃"(「아가야」) 같고, "천사 같"(「배냇저고리」)이 느껴지기 때문이다. 이 곡진한 내리사랑은 아기가 태어나던 날 입혔던 배냇저고리 묘사에 여실하게 떠올라 있다.

> 아기가 태어나던 날 입힌
> 하얀 배냇저고리
> 아기 엄마가 처음 입었던 배냇저고리
> 아기 할머니가 손으로 누벼 만든 배냇저고리
> 대물림하는 배냇저고리
>
> 할머니 손바늘로 만든 사랑표
> 엄마가 태어나서 입었던 사랑표
> 이제 아기가 입고
> 엄마 품에 안겼네
> 우리 아기가 천사 같네
>
> ―「배냇저고리」 전문

 이 짧은 시에 '배냇저고리'라는 말(어휘)이 네 번이나 등장하는 건 아내가 손수 정성 들여 만들어 딸이 처음 입은 뒤 고이 간직해 오다 대물림해 다시 갓난아기가 입게 된 내력의 각별함 때문이기도 한 것 같다. 그래서 그 옷을 '사랑표'라고까지 명명하면서 처음 입었던 딸에게 그 옷을 입고 품에 안긴 모습을 지극하게 사랑스러워한다. 이 일련의 '아기' 시에는 순진하고 천진난만해 보이는 시인의 마음이 오롯이 담겨 있다.

시 「나의 동반자」에는 아내를 향한 마음이 애틋하게 열려 있다. 결혼식을 하던 날을 "찬란했던 우리의 봄"이라며 레드 카펫을 행진하던 순간을 떠올리는가 하면, "면사포에 가려진 그대 얼굴 / 그대는 나의 전부, 나의 희망이었어요 / 떨리는 손으로 그대 손 잡았지요"라고도 회상한다. 하지만 세월이 흘러 자식의 자식을 안고 있는 아내를 바라보면서는 "우리의 봄이 그들에게로 갔네요"라는 아쉬움도 감추지 않는다. 그 애틋한 마음은 다음과 같이 그려지기도 한다.

> 우리의 찬란했던 봄
> 그 계절은 마음 안에 시들지 않고 그대로인데
> 어느새 황금빛 가을을 맞는 우리의 사랑
>
> 먼 훗날
> 생의 공간이 서로 다르더라도
> 우리는 떨어질 수 없는 한 몸, 한 영혼
>
> 결혼 행진곡에 발 맞추던 그 길
> 그 공간과 시간
> 내가 사랑하는 둘도 없는 나의 임이여
> ―「나의 동반자」 부분

시인은 결혼 당시의 그 '찬란한 봄'은 기억 속에 선연하게 살아 있어도 세월이 흘러 인생의 가을을 맞고 있다. 그러나 시인이 굳이 이 나이 듦(가을)을 '황금빛'이라는 수식을 하는 건 왜일까. 현실에 겸허하게 자족自足하고 감사하는 마음 때문일 게다. 이 같은 심경은 먼 훗날 서로 다른 세상에서 살게 되더라도 "한 몸, 한 영혼"으로 결혼 행진곡에 발을 맞추던 "그 공간과 시간"에 있을 거라는 데까지도 나아가게 한다.

이 "둘도 없는 나의 임"(아내)이 그토록 소중한 까닭은 다른 시 「부부」에서도 내력이 구체적으로 그려져 있다. "고달픈 젊은이 둘이 만나 / 한 몸"이 되고, "가난과 가난이 합쳤는데 / 가난은 더 커지지 않았"다는 소회가 소중하지 않을 수 있겠는가. 더구나 그 "고난을 초월한 힘"은 '한 몸, 한 영혼'이 된 두 사람의 '사랑'이지 않은가.

> 우리 하나 되지 않았더라면
> 각자 외톨이로 살았더라면
> 더 커진 가난 덩이에 짓눌려
> 외로운 길목에서 쓰러졌으리라
>
> 부부란 두 개인이 아니라는 것
> 각자 멋대로 뻗어 가는 덩굴 아니라는 것
> 해를 향해 어깨 맞춰 함께 성장하는 것
> 그것이 부부라는 것을
> 늦은 어느 날 불현듯 깨달았습니다
> ─「부부」부분

부부의 소중함에 대한 이 깨달음은 "그대를 만나 / 나는 역경의 늪에서 일어섰어요 // <중략> // 순탄치 않은 길 걸으면서도 / 긍정의 마음 일깨우며 / 믿음의 날 만들어 갔지요"(「아내에게」)라든지, "그대를 만난 것은 행운이었어요 / 그대는 내 행복의 여신 / 마음의 부유를 누리게 했어요"(같은 시)라는 대목에서도 여실하게 드러나 있다.

 어머니는 시인에게 내리사랑의 화신化身이요 상징이며, 잊히지 않는 그리움의 대상이다. 나이가 들어서도 "늙은 어머니 가슴에서 / 향기로운 젖 냄새가 풍긴다"(「어머니의 향기」)거나 "어머니가 계시는 / 고향 어귀에 들어서면 / 마을 어귀부터 감미로운 향기가 난다"(같은 시)는 과장법도 그만큼 어머니의 사랑이 그립다는 강조(역설)에 다름 아닐 것이다. 그 자애로운 어머니는 "응답처럼 / 산들바람 불어와 / 내 눈물 닦아주시는"(「그리운 어머니」) 분이기도 하다.

    어머니를 부르기도 전에
    내 발걸음 소리 듣고
    마당 가로 먼저 바삐 나오시던 어머니
    이제는 반겨줄 힘마저 떨어져
    겨우 방문만 여시는 어머니
    검버섯 가득 핀 손등이 가슴 아프다

    문 앞에서 인사하고

또다시 떠나야 하는 마음

홀로 계신 어머니, 늘 마음 아프다

―「고향집 어머니」 부분

  대처에 살면서 고향에 홀로 사는 어머니를 찾아갔을 때를 반추하는 이 시는 발소리만 들려도 마당 가로 마중 나오던 어머니가 노쇠해 거동마저 불편해진 모습을 연민으로 감싼다. 겨우 방문만 여는 어머니 손등의 검버섯이 가슴 아프게 하는 데다 다시 그런 어머니를 홀로 두고 헤어져 살아야 하니 착한 아들로서는 평소에도 마음 아플 수밖에 없었을 터이다.

  「코로나19」, 「코로나 격리실」, 「유리벽 너머」 등은 코로나바이러스에 감염돼 격리된 어머니를 그린 시다. 「코로나19」에서는 "차고 두꺼운 유리벽은 / 서로의 체온을 차단하고 / 마음까지 차단했"으며 "입술의 움직임만이 / 소통의 전부"라는 단절의 안타까움을, 「코로나 격리실」에서는 코로나 격리실의 비대면이 풀렸을 때 단숨에 달려가 어머니 손을 잡지만, "고맙다"는 말만 반복하는 어머니의 심중心中을 헤아리는 심경을 처연하게 그리고 있다.

  하지만 이젠 설상가상雪上加霜, 그 어머니의 "품속으로 갈 수 없고 / 거칠어진 손길 / 잡을 수 없"(「당신 봄날에」)게 됐다. 시인은 "봄이 오는 고향 땅에 / 연푸른 잔디 만들어 / 당신의 봄날에 피우겠습니다"(같은 시)라고 어머니 유택幽宅

에서 효심을 바칠 수밖에 없게 되기도 했다. 어머니에 대한 그리움이 짙어지는 연유도 그 때문일 것이다.

　ⅴ) 시인은 한결같이 마음을 비우고 내려놓으며 감사하는 마음으로 살아가는 것 같다. 성실한 가톨릭 신자인 그는 「반성의 시간」에서 고백하듯이, 자신이 걸어온 길을 돌아보면서 모든 잘못은 '내 탓'이며 "순간마다 나를 지키는 / 오늘 선물을 감사하자"(「감사하자」)는 마음을 저버리지 않는다. '무소유無所有'와 '나눔'과 '베풂'이라는 삶의 기본 자세와 겸허한 자기 성찰 때문인 것으로 보인다.

> 부자, 가난한 자
> 둘 중 하나를 선택하라시면
> 들에 나는 새들처럼
> 들에 피는 꽃들처럼
> 오늘의 일용한 것 외에는
> 소유하지 않겠다고 말하겠습니다
>
> <중략>
>
> '일용할 양식' 외에는
> 몸과 마음 안에
> 무엇을 더 소유하고 있는지
> 무엇을 버려야 할지

성찰하는 시간이
　　매일의 마지막 기도입니다
　　　　　　―「성찰省察」부분

　그의 시에 이따금 등장하는 '들꽃'은 자신을 돌아보게 하는 매개물이기도 하다. 이 시에서도 "들에 피는 꽃들처럼 / 오늘의 일용할 것 외에는 / 소유하지 않겠다고" 다짐한다. 날마다 하는 마지막 기도가 몸과 마음에 무엇을 더 소유하고 있는지, 무엇을 버려야 할지를 성찰한다고도 한다. 이 '물신物神 시대'에 부자가 아니라 가난한 사람으로 살아가겠다고 마음먹기가 어디 쉬운 일인가. 성서의 "가난한 자에게 복이 있나니"라는 구절이 섬광처럼 비치게 한다.

　세상을 향한 권유이기도 하고 자신을 향한 결의 다지기로도 읽히는 「욕심 비우기」는 사랑, 비움, 내려놓기의 미덕을 떠올리며, 이름 모를 들꽃들의 모습을 환기하는 교훈적인 시라 할 수 있다.

　　멀리 볼수록
　　넓게 다가오고
　　보이는 만큼 커지는
　　사랑을 만들어 가세요

　　사소한 일들까지

나의 것으로
채우려 하지 마세요

나의 것 아닌 욕심에서
이루려고 했던 일들
이제는 내려놓으십시오

거울 속 나를 보고
걸어왔던 그 길에
이름 모를 들꽃을 보세요

햇살에 웃고 있는
작은 꽃들이 사는 모습에
함께 웃으며 걸어가요
  ─「욕심 비우기」 전문

  그의 적지 않은 시들이 그렇듯이, 사족이 필요치 않을 정도로 정직하고 소박한 문장으로 짜인 이 시는 시적 완성도는 차치하고 자신의 내면 모습을 진솔하게 보여준다는 점에서 간과할 수 없다. 이 시의 연장선상에서 "감사는 나눌수록 / 기쁨이 되고 // 기쁨은 베풀수록 / 행복 되어 곁에 머무는 것을"(「감사하자」)이라는 대목도 함께 들여다본다.

  한편 「기도하는 마음」에서는 어머니를 위해 기도하면 어디선가 다가오는 따뜻한 온기가 마음을 광명으로 이끌어 준다고 한다. 이때의 어머니에 대한 느낌은 몽매에도 그리운 어머니와 성모 마리아가 포개진 것처럼 다가온다. 그는 성모 마리아의 은총과 전구轉求에 다가가려는 삶을 끊임없이 지향하고 있기 때문이리라.

    성모 마리아
    인자하시고 자애로우신 어머니
    오늘도 어머니의 따뜻한 품이 그리워
    성모당을 찾아왔습니다

    한 자루 초에 불 댕겨 붙이고
    장미 한 송이
    어머니 발아래 공손히 올립니다
    저의 마음에 빛이 스며듭니다

    아름다운 동산
    저의 안식처
    푸른 풀밭으로 저를 인도해 주신 어머니
    필요한 은총 전구해 주시는 어머니

    미움을 사랑으로
    슬픔을 기쁨으로
    고통과 절망을 희망으로 바꿔 주시는 어머니
    영광과 찬미 받으소서

아멘

—「동굴 속의 성모 마리아」 전문

 성모당의 '루르드의 성모'상 앞에서 올리는 기도의 이 시는 인자하고 자애로운 성모 마리아를 우러러 마음에 스며드는 빛과 "푸른 풀밭으로 (…) 인도해 주신" 은총과 전구를 마음 낮춰 찬미讚美한다. 성모 마리아는 "미움을 사랑으로 / 슬픔을 기쁨으로 / 고통과 절망을 희망으로 바꿔 주시는 어머니"로 자신이 그런 마음가짐을 일깨워주기 때문임은 말할 나위가 없다.

 시인의 이 같은 마음가짐은 「일치一致의 기도」에서 그리고 있는 바와 같이 "사랑하는 마음 안에 일어나는 일치"가 한순간에 찾아오는 체험을 하게도 하며 "그 시간과 공간은 신비"임을 깨닫게 되기도 한다. 진정한 신자가 아니면 '일치'를 체험할 수 없다는 점에서 지나쳐 보이지 않는다.

 시인은 타인(친지)의 삶을 통해서도 깨달음에 이른다. 「어느 친지의 마지막 전화」는 코로나 바이러스에 감염돼 죽음을 앞둔 한 친지가 전화로 들려준 말을 되새기는 시다. 호스피스 병동에서 투병하는 그 친지는 "남은 시간 짧지만 준비할 시간 있어 감사하"다고 한다. "지상에서의 마지막 행복한 시간"을 은인들에게 감사와 사랑을 전하는 마음으로 보내며, "숨소리 거칠어지는 것은 / 먼저 간 은인들과 재회할 / 벅참과 기쁨에서 울리는 / 심장 박동 소리"라고도 한다.

시인이 사람은 "빈 몸으로 왔다가 / 모든 것 벗고"(「떠난 자리 메우고」) 가야 한다는 걸 새겨왔겠지만, 이 한 친지의 마지막 전화 통화에서 들었던 말은 세상을 긍정적으로 바라보며 주어진 운명에 순응하며 감사하는 마음을 더욱 공고하게 했을지도 모른다. 향기 나는 사람으로 살고 싶어 하는 시인은 스스로 채찍질하고 담금질하는 마음을 「사람의 향기」에서 소박하게 집약해 보여주고 있어 그 한 부분을 이 해설의 마지막 자리에 놓아 본다.

정직하게 살리라
기도하며 살리라
사랑하며 살리라

비 오는 날엔 이웃의 우산이 되어 주고
눈 내리는 날엔 이웃의 난로가 되어 주고
찌는듯한 여름날엔 짙은 나무 그늘 되어 주리라
그렇게 노력하며 살리라
—「사람의 향기」 부분

■ 그루 현대시인선 24

사랑하며 기도하며

© 김진수, 2024

초판 1쇄 발행 2024년 10월 31일

지은이 김진수
펴낸이 이은재
펴낸곳 도서출판 그루

출판등록 1983. 3. 26(제1-61호)
42452 대구광역시 남구 큰골 3길 30
TEL 053-253-7872 / FAX 053-257-7884
E-mail / guroo@guroo.co.kr

값 12,000원
ISBN 978-89-8069-514-0

＊이 책의 판권은 지은이와 도서출판 그루에 있습니다.
 양측의 서면 동의 없는 무단 전재 및 복제를 금합니다.